Einführungsgesetz

zum

Reichs-Strafgesetzbuch

für

Elsaß-Lothringen

vom 30. August 1871.

Mit Erläuterungen

von

R. Förtsch und A. Leoni,
Landgerichtsräthen zu Zabern.

(Separat-Abdruck aus Rüdorff's Kommentar zum Strafgesetzbuch für das Deutsche Reich. Zweite Auflage.)

Berlin 1877.
Verlag von J. Guttentag (D. Collin).

Einführungs-Gesetz
für Elsaß-Lothringen.

Gegeben Bad Gastein den 30. August 1871. Gesetzeskraft mit dem 1. Oktober 1871.
Ausgegeben Berlin den 4. September 1871. G.Bl. f. E.-L. Nr. 14 S. 255.

Einführungsgesetz.

1. Das Gesetz erfüllt die im übrigen Reiche zwiefacher Gesetzgebung überlassene Aufgabe gleichzeitig: in den Artt. I—V Abs. 1 u. 3 die des Reichseinführungsgesetzes (dessen Bestimmungen fast wörtlich wiederholt sind) und in den Artt. V Abs. 2, VI—XVI die eines einzelstaatlichen Uebergangsgesetzes.

2. Ist das Gesetz sonach seinem Inhalte nach theils Reichs-, theils Landesgesetz, so ist es der Form nach ganz Landesgesetz. Die R.V. ist in Elsaß-Lothringen erst mit dem 1. Jan. 1874 in Kraft getreten zufolge R.G. v. 25. Juni 1873 (G.Bl. für E.-L. S. 131, R.G.Bl. S. 161); bis dahin wurde in Gemäßheit der Gesetze v. 9. Juni 1871 (G.Bl. S. 1, R.G.Bl. S. 212) u. v. 20. Juni 1872 (G.Bl. S. 441, R.G.Bl. S. 208) die Gesetzgebung in E.-L., abgesehen von Verfassungsänderungen und Belastungen des Reichs, vom Kaiser unter Zustimmung des Bundesraths ausgeübt und als Publikationsorgan allein das durch Ges. v. 3. Juli 1871 (G.Bl. S. 2) geschaffene „Gesetzblatt für Elsaß-Lothringen" benutzt. Während nun verschiedene derjenigen Gesetze, durch welche Reichsgesetze in E.-L. eingeführt wurden, zugleich im R.G.Bl. verkündet worden sind (z. B. Ges. v. 27. Jan. 1872 betr. Einführung des R.G. über Urheberrecht, R.G.Bl. S. 42 u. a. s. unter Nr. 6 zu Art. I), ist dies bei dem E.-G. zum St.G.B. (und bei dem zum H.G.B.) nicht geschehen. So folgenreich nun für einen Bundesstaat der Unterschied sein würde, ob das St.G.B. durch ein Reichs- oder ob es durch ein Landesgesetz eingeführt worden wäre, so wenig Bedeutung hat er für das Reichsland, so lange wenigstens, als Landesgesetzgebung und Reichsgesetzgebung denselben Faktoren zustehen.

3. Jedenfalls ist die Regel, daß das St.G.B. als einheitliches Ganzes aus sich selbst, nicht aus den einzelnen Landesrechten zu interpretiren, auch für E.-L. festzuhalten, daher z. B. unter öffentlichen Wegen des §. 366 Nr. 9 u. 10 St.G.B. einerseits auch die Wege der grande voirie zu verstehen sind, obgleich die analogen Bestimmungen des gemeinen französischen Strafrechts (Art. 471, no. 4, 5 c. p.) sich nur auf Wege der petite voirie bezogen, andrerseits aber nicht auch die Eisenbahnen, wenngleich dieselben nach franz. Recht den lois et règlements de la grande voirie unterworfen sind (F. u. L. II, S. 4, 34, 6); desgl. sind unter Polizeiverordnungen im Sinne des §. 366, 10 St.G.B. nicht bloß die in Art. 471 no. 15 c. p. erwähnten règlements ou arrêtés, sondern auch gesetzliche Anordnungen polizeilichen Inhalts zu verstehen (F. u. L. II, S. 6). Anders, wenn

1*

Art. I. Das anliegende Strafgesetzbuch für das Deutsche Reich tritt in Elsaß-Lothringen mit dem 1. Oktober 1871 in Kraft.

---

das St.G.B. ausdrücklich oder erkennbar auf das Landesrecht verweist, wie z. B. in §. 127 hinsichtlich des „unbefugterweise", in §. 116 hinsichtlich der Zuständigkeit der Beamten, in §. 367 Nr. 3 hinsichtlich des Begriffs „Arzenei" (F. u. L. II, S. 245), in §. 292 hinsichtlich des Begriffs und Umfangs des Jagdrechts, wogegen es wiederum unzulässig ist, in den §. 116 aus den einzelnen die Aufläufe betreffenden Landesgesetzen besondere Erfordernisse bezüglich der Form der Aufforderung hinein zu interpretiren (F. u. L. II, S. 305: die Schärpe gehört zur Zuständigkeit, der Trommelwirbel zur Form, letzterer also zur Anwendung der Strafe nicht erforderlich).

4. Seit dem 1. Jan. 1874 erlangen Reichsstrafgesetze in E.-L. verbindliche Kraft durch Verkündung im R.G.Bl. Auf welche Weise polizeiliche Verordnungen des Bundesraths zu publiziren, ist nirgends generell bestimmt, jedenfalls nur nach Reichsrecht zu beurtheilen und darnach der Bestimmung des Bundesraths überlassen. (F. u. L. II, S. 10, 352.) So ist die Verkündung des Eisenbahnpolizei-Reglements v. 4. Jan. 1875 im Centralblatt f. d. D. R. durch Urtheil des R.O.H.G. v. 2. Juni 1876 für rechtsverbindlich erachtet worden. (Jur. Zeitschr. f. E.-L. 1876 S. 340.)

Art. I.

1. Der §. 130a (Abs. 1) ist erst durch Ges. v. 15. Juli 1872 (G.Bl. S. 531) eingeführt worden, welches lautet:

> „Die Wirksamkeit des anliegenden Reichsgesetzes v. 10. Dez. 1871, betreffend die Ergänzung des Strafgesetzbuchs für das deutsche Reich wird auf Elsaß-Lothringen ausgedehnt.

Bis zum 14. August 1872 galten demnach in dieser Materie neben dem St.G.B. noch die Artt. 204—206 c. p.

2. Der erste Absatz des Art. I entspricht dem §. 1 R.E.G., der zweite wurde durch die eigenthümliche Stellung, welche E.-L. nach dem Vereinigungsgesetze vom 9. Juni 1871 (G.Bl. S. 1, R.G.Bl. S. 212) im Reiche einnimmt, nothwendig, ändert aber an dieser Stellung selbst nichts. Dieses staatsrechtliche Verhältniß E.-L.'s, sowie der Grundsatz, daß das St.G.B. aus sich zu interpretiren sei (vgl. oben Nr. 3 zur Ueberschrift), führte das R.O.H.G. zu der durch Urtheil v. 18. Mai 1874 (Puchelt, Zeitschr. V, S. 128) ausgesprochenen Ansicht, daß das Kaiserhaus nicht als landesherrliches Haus im Sinne des §. 97 anzusehen sei, wornach denn auch der Kaiser in E.-L. nicht als Landesherr im Sinne des St.G.B.'s anzusehen wäre. (So Laband, das Staatsrecht des d. R. Tübingen 1876, Bd. I, S. 583.)

3. Die deutschen Bundesstaaten sind also nach Abs. 2 im Verhältniß zu E.-L. nicht Ausland im Sinne des St.G.B.'s (§. 8); anders (vgl. Bem. zu §. 8 St.G.B. oben S. 119) auch für E.-L., trotz seiner Eigenschaft als Reichsland, im Sinne in Kraft gebliebener Landesgesetze, wenn Art. 3 der R.V. nicht im Wege steht, z. B. im Falle des Art. 4 Ges. v. 21. Mai 1876 betr. das Verbot der Lotterien (F. u. L. II, S. 233) und auch wohl der (unpraktischen) Artt. 417, 418 c. p.

4. Ueber den Begriff des Inlandes im Verhältniß zur Vergangenheit, d. h. zu der Zeit vor der Vereinigung E.-L.'s mit Deutschland, vgl. oben Bem. zu §. 244 St.G.B. und ein Urtheil des R.O.H.G. v. 6. Dez. 1872 (Puchelt, Zeitschr. III, S. 542). Darnach sind die vor der Annexion ausgesprochenen Bestrafungen dann als im Inlande erfolgt anzusehen, wenn sie von irgend einem deutschen Gerichte oder

Die Bestimmungen dieses Gesetzbuches, in welchen von Bundesstaaten oder deren Beziehungen die Rede ist, finden auch auf Elsaß-Lothringen und dessen entsprechende Beziehungen Anwendung.

---

von solchen französischen Gerichten ausgesprochen sind, deren Sitz in dem annektirten Territorium gelegen war.

5. Die vor dem 1. Jan. 1874 ergangenen Bundes- und Reichsgesetze sind in E.-L. nur zum Theil eingeführt und zwar keineswegs in ihrer historischen Aufeinanderfolge, wodurch sonderbare Anomalien entstanden sind. So gilt im Reiche die Strafandrohung des §. 147 Nr. 1 Gew.O. hinsichtlich des Handels mit Arzeneien durch den späteren §. 367 Nr. 3 St.G.B. für beseitigt, während der dem cit. §. der Gew.O. entsprechende §. 3 Ges. v. 15. Juli 1872 (G.Bl. S. 532, R.G.Bl. S. 250) jünger ist als das St.G.B., also den §. 367 Nr. 3 jedenfalls modifizirt (F. u. L. II, S. 243); so überläßt ferner §. 7 des in E.-L. erst durch Ges. v. 11. Dez. 1871 (G.Bl. S. 403, R.G.Bl. S. 471) eingeführten Rinderpestgesetzes die Bestimmungen über Bestrafung der Gesetzgebung der Einzelstaaten, obwohl §. 328 St.G.B. bereits in Kraft war; so ist endlich das Rechtshülfegesetz mit §. 25 durch Ges. v. 11. Dez. 1871 (G.Bl. S. 376, R.G.Bl. S. 445) eingeführt worden, obwohl das gemeinsame Strafgesetzbuch bereits vorher eingeführt war (s. oben Nr. 2 zu §. 9 St.G.B. S. 119).

6. Die durch besondere Gesetze eingeführten Bundes- und Reichsgesetze strafrechtlichen Inhalts sind folgende:

G. betr. die Wechselstempelsteuer im N. B. durch Ges. v. 14. Juli 1871 (G.Bl. S. 175),

Vereinszollgesetz,
G. die Besteuerung des Zuckers betr.,
G. betr. die Aufhebung einer Abgabe von Salz, } durch G. v. 17. Juli 1871 (G.Bl. S. 37),

G. über das Postwesen des d. R., durch G. v. 4. Nov. 1871 (G.Bl. S. 348),

G. betr. die Inhaberpapiere mit Prämien, durch G. v. 17. Jan. 1872 (G.Bl. S. 111),

G. betr. die Beschränkungen des Grundeigenthums in der Umgebung von Festungen, durch G. v. 21. Febr. 1872 (G.Bl. S. 133, R.G.Bl. S. 56),

A. D. Wechselordnung u. A. D. Handelsgesetzbuch, durch G. v. 19. Juni 1872 (G.Bl. S. 213),

Militär-Strafgesetzbuch für das d. R., durch G. v. 8. Juli 1872 (G.Bl. S. 473),

G. betr. die privatrechtliche Stellung der Erwerbs- und Wirthschafts-Genossenschaften, durch G. v. 12. Juli 1872 (G.Bl. S. 511),

G. betr. das Urheberrecht an Schriftwerken, Abbildungen, musikalischen Kompositionen und dramatischen Werken, durch G. v. 27. Jan. 1873 (G.Bl. S. 19, R.G.Bl. S. 42),

G. betr. die Besteuerung des Branntweins rc., durch G. v. 16. Mai 1873 (G.Bl. S. 67, R.G.Bl. S. 111),

Uebereinkunft zwischen dem Norddeutschen Bunde und der Schweiz wegen gegenseitigen Schutzes der Rechte an literarischen Erzeugnissen und Werken der Kunst vom 13. Mai 1869, durch Bek. v. 19. Sept. 1873 (G.Bl. S. 252),

Münzgesetz, durch G. v. 15. Nov. 1874 (G.Bl. S. 39, R.G.Bl. S. 131),

Maaß- und Gewichtsordnung für den N. B., durch Ges. v. 19. Dez. 1874 (G.Bl. 1875 S. 1, R.G.Bl. S. 1),

G. betr. die Einführung von Telegraphen-Freimarken, durch G. v. 8. Febr. 1875 (G.Bl. S. 9, R.G.Bl. S. 69).

7. Nicht eingeführt sind: das G. des N. B., betr. die vertragsmäßigen Zinsen v. 14. Novbr. 1867 (B.G.Bl. S. 159), weshalb die landesgesetzlichen Bestimmungen über Gewohnheitswucher in dem G. v. 19. Dez. 1850 (mit den durch §. 27 E.G. zum H.G.B. gegebenen Modifikationen) in Kraft geblieben sind (F. u. L. II, S. 222 ff.) und die Gewerbeordnung v. 21. Juni 1869 (B.G.Bl. S. 245) mit Ausnahme des durch Ges. v. 15. Juli 1872 (G.Bl. S. 534, R.G.Bl. S. 350) eingeführten §. 29, sowie verschiedene auf Steuern und Seeverhältnisse bezügliche Gesetze.

Durch die Reichsgesetzgebung selbst von der Wirksamkeit in E.-L. ausgeschlossen ist das G. über die Presse v. 7. Mai 1874 (R.G.Bl. S. 65).

8. Von den seit der Vereinigung mit Deutschland ergangenen Landesgesetzen sind theilweise strafrechtlichen Inhalts folgende:

Verordnung des Generalgouvernements über Schulversäumnisse v. 18. April 1871, s. unten zu Art. XIV,

G. betr. das Verbot der Zahlungsleistung mittels außerdeutschen Papiergeldes v. 7. Jan. 1872 (G.Bl. S. 59),

G. betr. die Einführung der A. D. Wechselordnung und des A. D. Handelsgesetzbuchs (§. 7) v. 19. Juni 1872 (G.Bl. S. 213),

G. betr. die Einführung des §. 29 der Gewerbeordnung v. 18. Juli 1872 (G.Bl. S. 534, R.G.Bl. S. 350),

G. betr. die Erfindungspatente und die Fabrik- und Handelszeichen v. 13. Nov. 1872 (G.Bl. S. 774),

G. betr. das Unterrichtswesen v. 12. Febr. 1873 (G.Bl. S. 37),

G. betr. die Weinsteuer v. 20. März 1873 (G.Bl. S. 51),

G. betr. die Zuwiderhandlungen gegen die gesetzlichen Vorschriften über den Uebergangsverkehr mit steuerpflichtigen Gegenständen v. 30. Juni 1873 (G.Bl. S. 129),

Berggesetz v. 16. Dez. 1873 (G.Bl. S. 397),

G. betr. Abänderung des Dekrets v. 29. Dez. 1851 über Schankwirthschaften v. 16. Nov. 1875 (G.Bl. S. 187).

9. Der Rechtszustand in E.-L. ist, wie im Allgemeinen so insbesondere auch hinsichtlich des Strafrechts, dadurch in eine eigenthümliche Lage gekommen, daß es an einem authentischen Ausspruche darüber fehlt, von welchem Tage ab die französische Gesetzgebung in dem jetzt das Reichsland bildenden Territorium außer Kraft getreten sei, zumal da die Besitzergreifung nicht mit einem Male geschehen ist, sondern am 4. Aug. 1870 begann und erst am 24. März 1871 durch die Besetzung von Bitsch vollständig ausgeführt wurde, der Präliminarfrieden aber, in dessen Art. I die Vereinigung E.-L.'s mit Deutschland zuerst ausgesprochen ist, erst vom 26. Febr. 1871 datirt. Es fragt sich also, ob und event. wo und bis zu welchem Termine französische Gesetze in der Zeit nach dem 4. August 1870 in E.-L. verbindliche Kraft erlangt haben. Vgl. hierüber v. Richthofen in Hirth's Annalen 1874 S. 521, Mitscher, E.-L. unter d. Verwaltung S. 124 ff. Die Praxis der Gerichte scheint sich der Ansicht zuzuneigen, daß für den einzelnen Ort zu untersuchen, ob die Promulgation des einzelnen Gesetzes als vor erfolgter Occupation bekannt geworden anzunehmen sei. Vgl. aus neuster Zeit Urtheil der Strafappellkammer Zabern vom 8. Febr. 1875 (Jur. Zeitschr. für E.-L. 1876 S. 35) und des R.O.H.G. v. 25. Febr. 1876 (Puchelt, Zeitschr. Bd. VII, S. 680).

Art. II. **Mit dem 1. Oktober 1871 treten alle Strafbestimmungen, insoweit sie Materien betreffen, welche Gegenstand des Strafgesetzbuchs für das Deutsche Reich sind, außer Kraft.**

Für das Strafrecht sind von Bedeutung folgende Dekrete des gouvernement de la défense nationale aus dem Jahre 1870:

v. 5. Sept., welches den Zeitungsstempel abschafft und im ganzen Lande befolgt wird, ohne daß ein Einschreiten der Behörden bekannt geworden wäre,

v. 10. Sept., welches Buchdruck und Buchhandel freigibt und vom Landgericht Zabern in beiden Instanzen als in der Stadt Pfalzburg (niemals eigentlich belagert, sondern nur sehr schwach cernirt und erst am 14. Dez. 1870 von deutschen Truppen besetzt) geltend anerkannt ist,

v. 19. Sept., welches den Art. 75 der Konstitution v. 22 frim. VIII aufhebt und damit die Staatsbeamten hinsichtlich ihrer Verfolgbarkeit unter das gemeine Recht stellt,

v. 10. Okt., welches die Zeitungskautionen abschafft,

v. 24. Okt., welches das Ges. v. 27. Febr. 1858 betr. die in Folge des Attentats Orsini erforderlich erachteten Verschärfungen der Sicherheitspolizei (Verbot der Anfertigung von Höllenmaschinen 2c.) beseitigt.

Art. II.

1. Der Art. entspricht dem §. 2 R.E.G. Ueber die Bedeutung desselben i. A., Begriff der „Materie" und der „besonderen Vorschriften" u. s. w. vgl. oben die Erläuterungen zu §. 2 R.E.G. S. 73, Förtsch, der Code pénal in E.-L. 2c. Straßburg 1873 (Einleitung), Förtsch u. Leoni, Sammlung der in E.-L. in Geltung gebliebenen franz. Strafgesetze, Straßburg I, 1875, II, 1876 (Vorwort zu Thl. II). In dem letztgenannten Werke (hier citirt: F. u. L.) sind folgende, im Wesentlichen mit den Erläuterungen zu §. 2 R.E.G. übereinstimmende Hauptgrundsätze befolgt worden: 1) Materien sind A die Deliktsbegriffe, B die allgemeinen Grundsätze des Strafrechts. 2) Ein Landesgesetz betrifft einen Deliktsbegriff des St.G.B's. und ist aufgehoben, wenn die von ihm behandelte Strafvorschrift mit jenem Delikte den juristischen Kern (Förtsch c. p. Einl. S. 10, „legislativen Gehalt" oben S. 59) gemeinsam hat; 3) Strafgesetze, bei denen die Voraussetzung zu 2) nicht zutrifft, sind die besonderen und gelten weiter, gleichviel ob sie im Code pénal oder in Einzelgesetzen enthalten sind, doch ist 4) im Zweifel gegen die Fortdauer einer im c. p. und für die Fortdauer einer im Einzelgesetz aufgestellten Vorschrift zu entscheiden. 5) Eine landesgesetzliche Vorschrift betrifft einen allgemeinen Grundsatz des St.G.B's. und ist aufgehoben, wenn dieselbe entweder eine Regel über den Gegenstand dieses Grundsatzes aufstellt, oder auf die anderweit aufgestellte Regel Bezug nimmt bezw. von derselben Anwendung macht, während 6) als besondere in Kraft gebliebene Vorschriften hier diejenigen anzusehen sind, welche für einzelne (in Kraft gebliebene) Delikte von der Regel des gemeinen franz. Rechts abweichende Bestimmungen treffen. (S. unten Nr. 8.)

2. Daß der code pénal als solcher nicht beseitigt ist, folgt schon daraus, daß mehrere der ausdrücklich als „besondere" bezeichneten Vorschriften darin enthalten sind, nämlich diejenigen über Mißbrauch des Vereinsrechts (Artt. 291—294) sowie ein Theil derjenigen über Feldpolizei (Artt. 471 no. 7, 9, 10, 475 no. 15) und über Preßpolizei (283—286, 288, 289, 475 no. 13).

3. Außer den unter Nr. 2 aufgeführten und denjenigen Artt. des c. p., welche das Strafverfahren oder Civilrecht betreffen, sind noch folgende in Kraft geblieben:

In Kraft bleiben die besonderen Vorschriften über die durch das Strafgesetzbuch nicht berührten Materien, namentlich über strafbare Ver-

123, 124, 126—131, 175, 176, 185, 249, 250, 254 betr. Amtsdelikte; 207 staatskirchenrechtlich; 410—420 Schutz von Handel und Industrie betreffend, theilweise veraltet; 411 betr. Leihhäuser; 412 entraves apportées à la liberté des enchères (mit Artt. 22 c. for. u. 16 F.G. v. 15. April 1829, s. oben S. 50 und F. u. L. II, S. 192); 459 gesundheitspolizeilich und die contraventions 471 no. 15, 475 no. 2, 3, 4, 11, 15 u. 479 no. 6 II u. 7, von denen insbesondere der, die generelle Strafsanktion für Uebertretung von Polizeiverordnungen enthaltende Art. 471 no. 15 (mit 474, 483) hervorzuheben ist. (F. u. L. II, S. 345.)

Nicht durch das St.G.B. sondern durch den Art. X dieses E.G's. sind beseitigt die Artt. 346, 347 und erst durch spätere Gesetze die Artt. 425—429 betr. den Schutz des geistigen und gewerblichen Urheberrechts, denen sogar noch eine transitorische Geltung zuzuerkennen ist. (F. u. L. II, S. 217; vgl. §. 17 G. v. 11. Jan. 1876, R.G.Bl. S. 11.)

4. Die im zweiten Absatz des Artikels II namhaft gemachten besonderen Vorschriften sind nur die hervorragendsten; ihre Reihe könnte man ergänzen durch die strafbaren Verletzungen der Wege-, Strom- und Bahnpolizei, der Fahr-, Gewerbe-, Medizinal- und Gesundheitspolizei-Gesetze u. s. w., nur daß allerdings in diese Zweige der Polizei das St.G.B. mehr eingreift als in jene. Von anderen noch in Kraft gebliebenen Spezialgesetzen sind insbesondere noch hervorzuheben: G. v. 19. Dez. 1850 über den Gewohnheitswucher (modif. durch §. 27 E.G. zum H.G.B.), G. v. 21. Mai 1836 betr. das Verbot der Lotterien (modif. durch §. 286 St.G.B.), G. v. 5. Juli 1844 über Erfindungspatente und einzelne Preßdelikte, welche nicht als „Verletzungen der Preßpolizei-Gesetze" zu charakterisiren sind, nämlich: Artt. 7, 8 G. v. 25. März 1822 (ungetreue Berichterstattung über Gerichtsverhandlungen u. s. w. und cris séditieux), 6 Nr. 2 u. 3 Dekr. v. 11. Aug. 1848 (Tragen rc. aufrührerischer Zeichen), 3 G. v. 27. Juli 1849 (Angriff auf die den Gesetzen geschuldete Achtung). — Die am Schlusse des Art. erwähnten Bestimmungen über Schulversäumnisse beruhen auf einer Verordnung des deutschen General-Gouvernements v. 18. April 1871, s. unten zu Art. XIV.

5. Es kann vorkommen, daß die in Kraft gebliebenen Landesgesetze den Thatbeständen des St.G.B's. gegenüber die allgemeineren sind, wie z. B. die Bestimmungen über polizeiwidriges Fischen und Jagen in den Gesetzen vom 15. April 1829 (Artt. 25, 27) u. v. 3. Mai 1844 (Art. 12), welche den berechtigten wie den unberechtigten Fischer oder Jäger treffen, gegenüber den §§. 296 u. 293 St.G.B. Auch hier gilt der Satz, daß Verletzung der lex specialis keine ideale Konkurrenz bezüglich der lex generalis begründe (s. oben Nr. 6 zu §. 73 St.G.B. S. 236, Leipzig 14. Jan. 1873 [Puchelt, Zeitschr. III, S. 549], F. u. L. I, S. 71, 101), und es bleibt sonach dem Richter nichts übrig, als unter Umständen den berechtigten Jäger mit härterer Strafe zu belegen, als im gleichen Falle den Wildschützen getroffen haben würde. Das E.G. hat, dem Beispiele vieler Bundesstaaten nicht folgend, es unterlassen, die Strafen der Spezialgesetze mit der Milde des St.G.B's. in Einklang zu bringen, weshalb man sich genöthigt gesehen hat, ohne erkennbaren bestimmten Plan, durch Einzelgesetze nachzuhelfen, als welche die (oben unter Nr. 8 zu Art. I aufgeführten) Gesetze v. 13. Nov. 1872 u. 16. Nov. 1875 zu nennen sind.

6. Das St.G.B. unterscheidet sich wesentlich auch dadurch vom c. p., daß es gegenüber der theilweise kasuistischen Fassung des letzteren gewisse Sammelbegriffe

letzungen der Preßpolizei-, Post-, Steuer-, Zoll-, Fischerei-, Jagd-, Forst- und Feldpolizei-Gesetze, über Mißbrauch des Vereins- und Ver-

---

aufstellt, zu denen namentlich der des Betrugs und der Sachbeschädigung, auch der Urkundenfälschung gehört. Wenn die franz. Gesetzgebung sich genöthigt sah, solche kasuistische Artikel des c. p. durch Einzelgesetze zu ergänzen, so können doch diese Gesetze den Sammelbegriffen des St.G.B's. gegenüber keinen Anspruch auf Weitergeltung machen. Dies gilt z. B. von den Gesetzen über tromperies v. 27. März 1851, 5. Mai 1855 u. 27. Juli 1867, welche mit dem durch sie ergänzten Art. 423 c. p. (in ihrem Haupttheile) durch §. 263 St.G.B. aufgehoben sind und in gleicher Weise sind die kasuistischen Artt. 443—457 c. p. sammt und sonders durch §§. 303—305 von der Sachbeschädigung beseitigt.

Anders, wenn der c. p. einen dem St.G.B. analogen Deliktsbegriff enthält. Gesetze, die neben solchen Artt. des c. p. ergangen sind, werden im Zweifel den Charakter der „Besonderheit" haben; so gewisse Fälle von Ungehorsam oder leichter Widersetzlichkeit, welche, wie neben 209 c. p. so jetzt neben §. 113 St.G.B. in Geltung sind: Art. 33 F.G. v. 15. April 1829 u. Art. 10 G. v. 30. Mai 1851 über roulage.

7. Was nun die allgemeinen Grundsätze des Strafrechts betrifft, so sind durch die neuen Regeln des St.G.B's. namentlich folgende Regeln des französischen Rechts beseitigt worden: über Verjährung (jetzt §§. 67—72 St.G.B.), über Solidarhaft der Komplicen für Geldstrafen (jetzt lediglich §§. 47—50 St.G.B., F. u. L. I, S. 117), über das Absorptionsprinzip bei Konkurrenz (jetzt §§. 73 bis 79), über Beitreibung der Geldstrafen durch contrainte par corps (jetzt §§. 28, 29), über den Herrschaftsbereich des einheimischen Strafrechts (jetzt §§. 3—5), über Nichtberücksichtigung des guten Glaubens bei contraventions und Steuerdelikten (jetzt §. 59 St.G.B., Leipzig 20. Febr. 1872 [Puchelt, Zeitschr. III, S. 380], s. auch Nr. 2 zu Art. XI), über Strafbarkeit juristischer Personen bei contraventions (F. u. L. II, S. 13).

Diese Regeln des gemeinen franz. Strafrechts sind beseitigt, soweit ihre Herrschaft reichte; die neuen beherrschen demnach nicht nur die Delikte des St.G.B's., sondern auch die in Kraft gebliebenen Delikte der Landesgesetzgebung, gleichviel ob letztere der gemeinen Regel lediglich in Folge Bestimmung des c. p. oder kraft ausdrücklicher Hinweisung auf diese Vorschrift bezw. Wiederholung derselben unterworfen waren (s. oben Nr. 1, 5 zu diesem Art. u. Nr. 3 zu §. 3 R.E.G. S. 81).

Man kann zu diesen Regeln auch diejenigen rechnen, daß der regelmäßige Strafsatz der Delikte im Falle der récidive ein höherer, im Falle von mildernden Umständen ein niedrigerer sein soll; dann hat aber diese Regel die Eigenthümlichkeit, daß sie nur für die Delikte des St.G.B. beseitigt ist und für alle diejenigen in Kraft gebliebenen Spezialdelikte bestehen bleibt, auf die sie sich überhaupt bezog. Vgl. unten Nr. 9. — In ähnlicher Weise will Laband (Staatsrecht des d. R. I, S. 602) den Grundsatz des Art. 5 c. d'instr. cr. behandeln, ohne diese Abweichung jedoch näher zu begründen.

8. Von den besonderen Vorschriften einzelner Landesgesetze über Gegenstände des allgemeinen Theils (oben Nr. 1, 6) sind hervorzuheben:

a. Bestimmungen über die Verjährung: für Jagddelikte in Art. 29 J.P.G. v. 3. Mai 1844, Forstdelikte Art. 185 c. for., Fischereidelikte Art. 62 F.G. v. 15. April 1829, Feldpolizeidelikte Art. 8, Tit. I, sect. VII G. v. 28. Sept. —6. Okt. 1791. — Dagegen fällt die Verjährung der Preßdelikte unter das ge-

sammlungsrechts, über den Holz- (Forst-) Diebstahl und über Schulversäumnisse.

---

meine Recht, da das Wort „délais" in Art. 29 Dekr. v. 17. Febr. 1852 nach der herrschenden Ansicht auch auf die Verjährung zu beziehen ist. Keine Verjährungs- sondern eine prozessuale Frist (welche eben deshalb durch §. 1 G. v. 5. Juli 1872 [G.Bl. S. 465] beseitigt ist), enthält das Ges. v. 15. Juni 1835 betr. die contrav. en mat. de contr. indir. (F. u. L. II, S. 366).

b. Bestimmungen über die Strafe gegen Theilnehmer. In dieser Beziehung stimmen c. p. und St.G.B. darin überein, daß gegen jeden Betheiligten die Strafe besonders zu bemessen, gehen aber darin auseinander, daß der c. p. bei crimes und délits die (als Regel jetzt beseitigte) solidarische Haftung für Geldstrafen aufstellt. Von jeder dieser Regeln des c. p. weichen Spezialgesetze ab, indem 1) einige gegen die mehreren complices nur Eine Geldstrafe verhängen, für welche zwar jeder Theilnehmer haftet, die aber nur Einmal zu erlegen ist (von F. u. L. „Einheitsstrafe" genannt), und indem 2) anderwärts die Solidarhaft für Geldstrafen auch auf contraventions ausgedehnt wird. Letzteres geschieht in dem Ruralgesetz (Art. 3, Tit. II G. v. 28. Sept. — 6. Okt. 1791), da zu den s. g. délits ruraux auch eigentliche contraventions gehören; und die Einheitsstrafe findet in den franz. Gerichtshöfen täglich Anwendung bei einer großen Anzahl von Forst-, einigen Ruraldelikten und bei Kontraventionen gegen indirekte Steuern und Oktroi. Als in E.-L. fortdauernd kann dieselbe jedoch nur da anerkannt werden, wo es keinem Zweifel unterliegt, daß der Gesetzgeber sie sanktioniren wollte, wo also, da eine ausdrückliche Vorschrift überall mangelt, vor allen Dingen die Strafe nach dem Schaden oder einem Aequivalent desselben bemessen wird und die Tradition zwingend ist. Dies gilt aber nur von den Forst- und Ruraldelikten (Artt. 29, 34, 38, 54—57, 70, 72, 73, 75, 77—79, 83, 102, 110, 114, 138, 144, 147, 192—194, 196, 197, 199, 221 c. for. und Artt. 14, 18, 25, 26, 28, 36, 37, 43 Tit. II Dekr. v. 28. Sept. — 6. Okt. 1791), während bei den Steuerkontraventionen jene Uebung der Gerichte erst aus dem Jahre 1836 datirt und niemals ohne Widerspruch geblieben ist. (F. u. L. I, S. 118, II, S. 356.)

c. Bestimmungen über die Strafkumulation (cumul), welche als Ausnahme von dem, nach Art. 365 c. d'insr. cr. die Lehre von der Konkurrenz hins. crimes und délits beherrschenden Absorptionsprinzip überall da in Kraft geblieben sind, wo sie auf ausdrücklicher Anordnung beruhen, also in den Fällen des Art. 217 c. for. (nicht sonst bei Forst- und Fischereidelikten), 5 G. v. 10. Dez. 1830 sur les afficheurs, 17 J.P.G. v. 3. Mai 1844, 9 G. v. 16. Juli 1850 über Zeitungskautionen, und 4 G. v. 19. Dez. 1850 über Wucher. (Eine Art fortgesetztes Vergehen konstituirt Art. 12 G. v. 30. Mai 1851 über roulage.)

d. Das ausnahmsweise Erforderniß der plainte (gleich Verfolgungsantrag im Sinne des St.G.B's.) in den 2 jetzt allein noch geltenden Fällen des Art. 45 G. v. 5. Juli 1844 betr. Erfindungspatente u. 11 G. v. 11. Mai 1868 betr. die Presse (Mittheilungen über das Privatleben).

e. Bestimmungen mehrerer Spezialgesetze über die Haftung dritter Personen für die vom Thäter verwirkte Geldstrafe, von denen heute noch in Geltung sind: Art. 35 Dekr. v. 1 germ. XIII concern. les droits réunis etc. (jetzt aus §. 22 G. v. 5. Juli 1872 zu erläutern, F. u. L. II, S. 357), Art. 45 c. for. u. Art. 13 Ges. v. 30. Mai 1851 über roulage. (Vgl. Faustin-Hélie, théor. du c. p. IV éd. I, p. 591.) Gänzlich unstatthaft ist es, eine solche Haftung als Regel für gewisse Aufsichtspersonen aus Art. 1384 c. c. abzuleiten (F.-Hélie a. a. O.

Art. III. Wenn in Landesgesetzen auf strafrechtliche Vorschriften, welche durch das Strafgesetzbuch für das Deutsche Reich außer Kraft ge-

Note 3); dieser Art. betrifft vielmehr nur die Haftung für Schaden und wird theilweise modifizirt durch die Artt. 74 F.G. v. 15. April 1829, 28 J.P.G. v. 3. Mai 1844, 206 c. for., 7 Tit. II Dekr. v. 28. Sept. — 6. Okt. 1791.

9. Es ist bereits unter Nr. 7 bemerkt, daß die Bestimmungen des gemeinen franz. Strafrechts über Straferhöhung bei récidive und Strafminderung bei circonstances atténuantes das Strafmaß der einzelnen Delikte unmittelbar betreffen, indem dadurch jedes derselben neben der Normalstrafandrohung noch eine außerordentliche nach oben und untenhin enthält. Da das St.G.B. an dem Strafmaße der in Kraft gebliebenen besonderen Delikte nichts ändern will, so müssen dieselben jenen Bestimmungen auch heute noch in demselben Maße unterworfen bleiben, wie sie es früher waren, wenngleich das gemeine deutsche Strafrecht in dieser Lehre grundsätzlich andere Bahnen verfolgt hat. Diese Weitergeltung gilt unbedingt von den Art. 463 c. p. (letzte Fassung v. 13. Mai 1863), dessen Wirksamkeit sich auf alle crimes, und von den délits und contraventions auf die des code pénal (Art. 483) und die in den Einzelgesetzen mit dieser Wohlthat ausgestatteten erstreckt (F. u. L. II, S. 401, zu denen z. B. nicht gehören: Forst- und Jagddelikte). Die Anwendbarkeit der Vorschriften des c. p. über Rückfall (bei crimes und délits Straferhöhung je nach Art einer früher erlittenen Strafe) in den Artt. 56—58, 474, 478, 482 u. 483 ist dagegen dadurch sehr beschränkt, daß auf die Strafen des c p. gegen crimes und délits nicht mehr erkannt werden darf, weshalb die Voraussetzungen zur Anwendbarkeit der Artt. 56 — 58 nur dann vorhanden sind, wenn die Vorbestrafung unter Herrschaft des franz. Rechts erfolgt ist. Die Artt. 474, 478, 482 mit 483 können dagegen auf die in Kraft gebliebenen contraventions (oben unter Nr. 2 u. 3) noch täglich Anwendung finden. (F. u. L. II, S. 397.)

Wenn Einzelgesetze über Rückfall und mildernde Umstände Bestimmungen treffen, die von denen des c. p. abweichen, so sind diese Vorschriften nicht minder maßgebend geblieben für die in Kraft erhaltenen Delikte dieser Gesetze (Berlin 30. Jan. 1873 u. 5. Jan. 1875 oben Nr. 7 zu §. 2 R.E.G. S. 79). So über Rückfall (Wiederholung desselben oder eines gleichartigen Delikts) Art. 56 G. v. 6 frim. VII betr. Fähren u. s. w., 69 F.G. v. 15. April 1829, 14, 15 J.P.G. v. 3. Mai 1844, 201 c. for., 36 Ges. v. 19. vent. XI über die Heilkunst, 19 G. v. 21. Juli 1856 über Dampfmaschinen, während hinsichtlich der mildernden Umstände Art. 15 G. v. 11. Mai 1868 für alle Preßdelikte die Besonderheit bestimmt, daß das Minimum der Strafe 50 fr. betragen soll. (F. u. L. I, S. 65.)

10. Nicht Materien des St.G.B's. sind z. B. Thatbestände des Disziplinarstrafrechts; Bestimmungen über Sitzungspolizei (sofern darunter, wie in den Artt. 10, 89, 276 c. pr. c. u. 34, 304 c. d'instr. cr., lediglich eine Ausübung eines Züchtigungsrechts verstanden wird. S. dagegen unten Nr. 1 b zu Art. XII); das Strafverfahren, weshalb die strafrechtliche Verfolgung der agents du gouvernement wegen faits relatifs à leurs fonctions nach wie vor von der Genehmigung des Staatsraths, jetzt des Oberpräsidenten abhängig ist (Art. 75 der Konstitution v. 22. frim. VIII, F. u. L. II, S. 336, s. auch oben Nr. 9 zu Art. I); die Beweisregeln (über 154 c. d'instr. cr. Berlin Pl. 27. Febr. 1875, O.R. XVI, S. 173).

Art. III.

1. Der Art. lautet wörtlich wie §. 3 R.E.G; vgl. deshalb die Bemerkungen zu letzterem. Es ist dort hervorgehoben, daß die Interpretationsregel, welche der

setzt sind, verwiesen wird, so treten die entsprechenden Vorschriften des letztern an die Stelle der ersteren.

Art. aufstellt, selbstverständlich sei, gleichwohl begegnet die Anwendung derselben im einzelnen Falle Schwierigkeiten, welche nicht nur hinsichtlich des Begriffs der „entsprechenden Vorschriften" entstehen, sondern hauptsächlich auch den der „Verweisung" betreffen. Eine Definition des Wortes „entsprechend" wird mit kurzen Worten kaum zu geben sein, jedenfalls bezieht es sich aber auf den materiellen Inhalt der Vorschriften und daraus folgt weiter, daß auch die Verweisung in einer Bezugnahme auf den strafrechtlichen Inhalt der Vorschriften bestehen muß. Ist die Verweisung lediglich eine Bezugnahme auf Worte d. h. weiter nichts als eine stilistische Ersparniß, so ist ein Fall für die Anwendung der Regel des Art. III nicht gegeben. S. unten Nr. 3.

2. Fälle, in denen die Anwendung des Art. III keine Schwierigkeiten bereitet, sind z. B.: die Strafe gegen Agenten auswärtiger Lotterien — Art. 3 G. v. 21. Mai 1836 — ist jetzt aus §. 286 St.G.B., welcher dem aufgehobenen Art. 410 c. p. entspricht, zu entnehmen; wenn Art. 4 G. v. 27. Febr. 1858 betr. Maßregeln der Sicherheitspolizei Aberkennung der in Art. 42 c. p. erwähnten Rechte androht, so ist jetzt auf Aberkennung der bürgerlichen Ehrenrechte nach Maßgabe der §§. 33—35 St.G.B. zu erkennen (vgl. unten Nr. 9 zu Art. V); wenn endlich Art. 27 des Dekrets v. 27. Febr. 1852 über die Presse auf die Verjährungsfristen des c. d'instr. cr. verweist, so treten an deren Stelle jetzt die des St.G.B's. (vgl. oben Nr. 8a zu Art. II). Eine Verweisung auf die allgemeinen Grundsätze des c. p. (vgl. Nr. 3 zu §. 3 R.E.G. u. Nr. 1 zu Art. II) ist auch dann anzunehmen, wenn in einem Spezialgesetze die Grundsätze des c. p., z. B. über Absorption, Solidarhaft einfach wiederholt werden (F. u. L. I, S. 117, 118), wie in den Fällen: Artt. 7 G. v. 25. Juni 1841 über Versteigerungen, 17, 27 J.P.G. v. 3. Mai 1844, 18, 19 c. for., 12, 3 F.G. v. 15. April 1829, 5, 20 Dekr. v. 17. Febr. 1852 über d. Presse.

3. Wenn dagegen Art. 475 no. 15 (u. 471 no. 9) c. p. den Begriff des Felddiebstahls (maraudage) in der Weise definirt, daß die negativen Merkmale durch Verweisung auf einige in Art. 388 c. p. sich findende Worte (soit avec des paniers etc.), welche dort aber keineswegs zur Abgrenzung des gemeinen und des Felddiebstahls dienen, bezeichnet werden, so ist von Anwendung einer anderwärts aufgestellten strafrechtlichen Vorschrift oder von einer Verweisung auf solche im Sinne des Art. III keine Rede. Demnach müssen, obwohl Art. 388 c. p. durch §. 242 ff. St.G.B. beseitigt ist, die in Art. 475 no. 15 ersparten Worte nach wie vor aus Art. 388 ergänzt werden, der dadurch inhaltlich in keiner Weise in Kraft erhalten wird. — Dasselbe gilt, wenn Art. 463 c. p., um für einen gewissen Fall die eintretenden Strafen kürzer zu bezeichnen, auf den aufgehobenen, den Diebstahl betreffenden Art. 401 verweist, und ähnlich liegt der Fall, wenn Art. 4 Ges. v. 21. Mai 1836 betr. die Lotterien wegen der Strafe bei Rückfall und mildernden Umständen auf den vorhergehenden, hinsichtlich der Strafandrohung durch §. 286 St.G.B. aufgehobenen, Art. 3 verweist, der übrigens mit Art. 4 u. 1 in Wirklichkeit ein Ganzes bildet.

4. Einer Verweisung auf strafrechtliche Vorschriften ist gleichzuachten die Anwendung strafrechtlicher technischer Begriffe, zu deren Erläuterung andere Gesetzesbestimmungen herangezogen werden müssen. Dies gilt namentlich von dem Gebrauch der Worte „crimes, délits und contraventions". Daß dieser durch das St.G.B. u. Art. XI durchaus beseitigten Eintheilung die des St.G.B's. in „Verbrechen, Vergehen und Uebertretungen" entspreche, kann, nach Vorgang des Art. XII,

Art. IV. Die in den §§. 81, 88, 90, 307, 311, 312, 315, 322, 323 und 324 des Strafgesetzbuchs für das Deutsche Reich mit lebenslänglichem Zuchthause bedrohten Verbrechen sind mit dem Tode zu bestrafen, wenn sie in einem Theile des Reichs, welcher in Kriegszustand erklärt ist, oder während eines gegen das Reich ausgebrochenen Krieges auf dem Kriegsschauplatze begangen werden.

---

unbedenklich da angenommen werden, wo lediglich das Strafverfahren in Frage kommt, weshalb z. B. in Art. 181 c. d'instr. cr. „délits" einfach mit „Vergehen" und die Worte „En matière criminelle" des Art. 341 c. d'instr. cr. mit: „In Untersuchungen, welche Verbrechen betreffen" (vgl. unten Nr. 3 zu Art. XIII) übersetzt werden können. Keineswegs aber entsprechen die einzelnen crimes den einzelnen Verbrechen u. s. w., da vielmehr sehr häufig jetzt Vergehen ist, was früher als crime oder contravention qualifizirt war und umgekehrt. Knüpft daher ein Landesgesetz an Begehung von crimes oder délits u. s. w. einen Rechtsnachtheil, so ist im einzelnen Falle zu untersuchen, ob die (nach dem St.G.B. bestrafte oder zu bestrafende) Handlung einem crime oder délit des franz. Rechts entspricht, s. z. B. bei der Frage, ob ein Handwerker wegen erlittener condamnation pour crime unfähig sei, Lehrlinge anzunehmen, Art. 6 G. v. 22. Febr. 1851.

5. Von einem „entsprechenden" Begriffe kann dann nicht die Rede sein, wenn der Standpunkt beider Gesetzgebungen ein heterogener ist, wie solches der Fall hinsichtlich des (übrigens undefinirbaren) Begriffs der délits commis par la voie de presse — ou par tout autre moyen de publication, da im System des St.G.B's. die Begehung durch die Presse kein Klassifikationsmerkmal für die Delikte bildet. Ein Landesgesetz, welches jenen Begriff verwendet, ist demnach in seiner Anwendbarkeit auf die noch geltenden s. g. Preßdelikte (oben unter Nr. 4 zu Art. II, F. u. L. I, S. 7, darunter cris séditieux!) des franz. Rechts beschränkt, wenn es das Verfahren oder gar Strafmaß und Zusatzstrafen betrifft, oder es muß, wenn seine Weitergeltung durch den preßpolizeilichen Inhalt der Vorschrift nach Art. II außer Zweifel gestellt ist, zur Anwendbarkeit im einzelnen Falle festgestellt werden, daß die (jetzt nach dem St.G.B. strafbare) Handlung den Thatbestand eines franz. Preßdeliktes bilden würde (s. die einzelnen Fälle bei F. u. L. I, S. 8). Dagegen kann einem einzelnen délit de presse recht wohl ein §. des St.G.B's. entsprechen und darum ist in Art. 16 G. v. 18. Juli 1828 über die Journale das Wort „diffamation" mit „Vergehen der §§. 186, 187, 189 St.G.B." zu übersetzen (F. u. L. I, S. 196).

6. Eine analoge Anwendung der in Art. III enthaltenen Interpretationsregel wird zu machen sein im Falle des Art. 4 G. v. 22. Juni 1854 betr. Pulvermagazine: die Zuwiderhandlungen gegen diese Vorschrift sind dadurch, daß das G. v. 7. Juli 1819, auf dessen Strafe der Art. 4 verweist, aufgehoben ist, nicht straflos geworden, die Strafe bestimmt vielmehr jetzt der dem Art. 13 G. v. 7. Juli 1819 entsprechende §. 32 G. v. 21. Dez. 1871 betr. die Beschränkungen des Grundeigenthums u. s. w. (eingef. in E.-L. durch G. v. 21. Febr. 1872, G.Bl. S. 133).

Art. IV.

Der Art. IV ist der den Verhältnissen angepaßte §. 4 R.E.G., weshalb die Erläuterungen zu letzterem (oben S. 82 ff.) auch für E.-L. gelten. Da die R.V. in E.-L. mit dem 1. Jan. 1874 in Kraft getreten ist, so kann die auf das Preuß. Ges. v. 4. Juni 1851 bezügliche Bemerkung Oppenhoff's in der Ausgabe von 1874 (Nr. 2 zu Art. IV E.G. für E.-L.) nur aus Versehen stehen geblieben sein.

Art. V. Vom 1. Oktober 1871 ab darf nur auf die im Strafgesetzbuche für das Deutsche Reich enthaltenen Strafarten erkannt werden.

Wenn in den Landesgesetzen Todesstrafe, travaux forcés, déportation oder réclusion angedroht sind, ist auf Zuchthaus, wenn détention angedroht ist, auf Festungshaft, wenn dégradation civique an-

---

Art. V.

1. Absatz 1 und 3 sind gleichlautend mit §. 6 R.E.G.; Absatz 2 trifft Uebergangsbestimmungen im Sinne des §. 8 R.E.G.

2. Einzelne Strafarten, welche in älteren materiell noch in Kraft stehenden Gesetzen angedroht sind, waren schon durch die französische Gesetzgebung beseitigt; so die peines corporelles durch Einführung des Code pénal, die Konfiskation (ausgenommen die confiscation spéciale des Art. 11 c. p.) durch Art. 66 der Charte von 1814. (S. Arrêts du Conseil d'Etat v. 14. März 1741, 16. Dez. 1759 u. 26. Nov. 1781; Art. 80 Ges. v. 19. brum. VI; Dalloz, Rép. V. Peines No. 74.)

2. Als Strafarten, welche im St.G.B. nicht enthalten sind und daher von den Gerichten nicht mehr ausgesprochen werden dürfen, sind zu bezeichnen:

a. Die Veröffentlichung des Urtheils durch Anschlag oder in einer Zeitung, wenn die Veröffentlichung einen Bestandtheil der angedrohten Strafe bildet. (Artt. 80 Ges. v. 19. brum. VI, 52 Ges. v. 6. frim. VII, 9 Ges. v. 29. Nov. 1849.) Die §§. 165 u. 200 St.G.B. können dagegen nicht angerufen werden, da dieselben die öffentliche Bekanntmachung nicht als Strafe verordnen, sondern nur zum Zwecke der Ehren-Reparation gestatten (a. A. Rüdorff zu §. 200 Nr. 5), es ist daher auch überall da, wo die Urtheilsveröffentlichung unter den Gesichtspunkt einer privatrechtlichen Sühne fällt oder die Verhütung weiteren Schadens bezweckt oder eine preßpolizeiliche Maßregel bildet, an der Befugniß des Richters, dieselbe zu verfügen, nichts geändert. So Artt. 26 Ges. v. 26. Mai 1819, 49 Ges. v. 5—8. Juli 1844. (F. u. L. II, S. 159.)

b. Die Entziehung der Berechtigung zum Betrieb eines Gewerbes; s. Artt. 80, 99, 109 Ges. v. 19. brum. VI.

c. Die Aberkennung von Waldnutzungsrechten; Art. 149 c. for. (Vgl. Solffs u. Mitscher: „Die in E.-L. geltenden Forst und Jagdgesetze" zu Art. 189.)

d. Die Entziehung des Rechts, einen Jagdschein zu erhalten; Art. 18 Ges. v. 3. Mai 1844. (Vgl. Hildebrand: „Die Jagdstrafgesetzgebung E.-L." Juristische Zeitschrift, Bd. I, S. 231.)

e. Die gänzliche oder zeitweise Unterdrückung einer Zeitung; Art. 12 Ges. v. 11. Mai 1868. Ist die Unterdrückung einer Zeitung nicht als Strafe angeordnet, sondern bildet sie nur eine Zwangsmaßregel zur Erreichung eines bestimmten polizeilichen Zwecks, so steht der Weitergeltung der betreffenden Vorschrift nichts im Wege; Artt. 8 Ges. v. 16. Juli 1850; 5 u. 31 org. Dekret v. 17. Febr. 1852; 2 Ges. v. 11. Mai 1868. (F. u. L. I, S. 50, 64.)

f. Die Entziehung der Armenunterstützung; Verordn. des General-Gouverneurs von E.-L. v. 18. April 1871 (s. unten Art. XIV). Art. XIV sagt nur, daß es bei dem bestehenden Verfahren verbleibe; auch ist nicht anzunehmen, daß man sich in Widerspruch mit der Vorschrift von §. 6 R.E.G. setzen wollte. Vgl. auch Mitscher „Elsaß-Lothringen unter deutscher Verwaltung" S. 78. Die in derselben Verordnung angedrohte „amtliche Verwarnung" ist dagegen entweder

gedroht ist, auf Gefängniß mit oder ohne Aberkennung der bürgerlichen Ehrenrechte, wenn emprisonnement oder prison angedroht ist, auf Gefängniß, falls aber die angedrohte Strafe die Dauer von sechs Wochen nicht übersteigt, auf Haft zu erkennen.

überhaupt nicht als Strafe aufzufassen, oder als gleichbedeutend mit dem Verweise des St.G.B. noch in Geltung. (A. A. Rüdorff, zu §. 6 R.E.G. Nr. 2.)

g. Ueber die Strafe des bannissement s. unten Nr. 6.

4. Als eine noch zulässige Strafart ist hervorzuheben die Absetzung eines Beamten (Artt. 64, 67 Ges. v. 19. brum. VI). Es folgt dieses namentlich aus der Bestimmung der §§. 81, 83, 84, 87, 90 u. 98 St.G.B., worin der Richter ermächtigt wird, neben einer Festungs- resp. Gefängnißstrafe auf Verlust der bekleideten öffentlichen Aemter zu erkennen; vgl. auch §. 5 R.E.G. Berlin 17. Juni 1874, O.R. XV, S. 422. Vgl. ferner unten Nr. 10.

5. Von der Vorschrift des Art. V nicht berührt werden die Strafen des Disziplinarrechts, als einem besondren Rechtsgebiete angehörig, sowie die nach französischen Gesetzen dem Strafrichter beigelegte Befugniß, auf Schadensersatz zu erkennen; insbesondere ist an dem Rechte, die Beseitigung vorschriftswidriger Anlagen (démolition des ouvrages) zu verordnen, nichts geändert, da diese Beseitigung nur die Wiederherstellung des angerichteten Schadens bezweckt, also nicht als Strafe aufgefaßt werden kann. (Arrêt v. 27. Febr. 1765, Art. 15 Ges. v. 15. Juli 1845, Dalloz, Rép. V. manufactures 183, Rüdorff zu §. 6 R.E.G. Nr. 2 a. E.) Bei den contraventions de petite voirie wurde die „démolition . . .“ stets von dem Polizeirichter ausgesprochen, es ist daher auch anzunehmen, daß über dieselbe bei contraventions de grande voirie, wie über diese contraventions selbst, jetzt nicht mehr von den Präfektur-(Bezirks-)Räthen, sondern von den Gerichten erkannt wird.

6. In dem Absatz 2 fehlt eine Vorschrift darüber, wie die Strafe des bannissement (Art. 8 c. p.) umzuwandeln sei. Das St.G.B. — und dieses allein kommt in Betracht, jedenfalls ist ein Hinweis auf das spätere Reichsgesetz v. 4. Mai 1874 ohne Belang, — kennt eine gleiche Strafart nicht; namentlich kann die im §. 39 Nr. 2 (s. auch §. 284) der höheren Landespolizeibehörde beigelegte Befugniß, den Ausländer, gegen welchen die Zulässigkeit von Polizeiaufsicht erkannt ist, aus dem Landesgebiete zu verweisen, nicht für gleichbedeutend oder auch nur entsprechend dem „bannissement“, welches als Strafe von crimes gegen In- wie Ausländer durch das Gericht zu verhängen wäre, erachtet werden. In Folge dieser Auslassung sind die im Art. 124 Satz 1 u. 3 c. p. sowie im Art. 208 c. p. vorgesehenen Thatbestände, welche an sich durch keine Materie des St.G.B. berührt werden, jetzt straflos. Vgl. auch F. u. L. II, S. 401 oben.

7. Es sind uns keine in Kraft gebliebenen Landesgesetze bekannt, in welchen Todesstrafe, réclusion oder détention angedroht ist; daß der Gesetzgeber mit Anführung der Todesstrafe das in Frankreich fast nie zur Anwendung gebrachte und längst für veraltet erachtete Gesetz v. 3. März 1822 „relative à la police sanitaire“ im Auge gehabt habe, ist kaum anzunehmen. — Von den früheren crimes des franz. Rechts sind u. E. allein noch in Geltung Art. 108 Ges. v. 19. brum. VI, welcher „six années de fer“ (travaux forcés), Art. 124 Satz 2 c. p., welcher déportation und Artt. 126, 127, 130 c. p., welche „dégradation civique“ androhen.

8. Nicht zu verwechseln mit der im Art. erwähnten Strafe der détention (Art. 7 c. p.) ist die détention municipale ou correctionelle, welche Art. 3,

Wenn in den Landesgesetzen anstatt der Gefängniß- oder Geldstrafe Forst- oder Gemeindearbeit angedroht oder nachgelassen ist, so behält es hierbei sein Bewenden.

Tit. 2 Dekr. v. 28. Sept. — 6. Okt. 1791 und Art. 2 Ges. v. 20. vend. IV vorsehen; letztere ist, wie aus Artt. 600 u. 606 Code des délits et des peines v. 3. brum. IV hervorgeht, gleich emprisonnement, daher je nach der Dauer der angedrohten Strafe in Haft oder Gefängniß umzuwandeln.

9. Die Strafen des St.G.B. können nur so und in dem Maße zur Anwendung gebracht werden, wie das St.G.B. sie aufstellt. Der deutsche Richter ist daher bei der Umwandlung an die Höchst- und Mindestbeträge, welche für Zuchthausstrafe, Gefängnißstrafe und Haft in den §§. 14, 16 u. 18 St.G.B. gegeben sind, gebunden; dagegen sind innerhalb dieser Grenzen die früheren auf die Strafausmessung bezüglichen Bestimmungen noch in Kraft, so daß beispielsweise im Falle des Art. 6 Ges. v. 27—29. Juli 1849 die Strafandrohung jetzt auf Gefängnißstrafe von 1—6 Monaten und Geldstrafe von 25—1000 Franken lautet. An Stelle der déportation tritt Zuchthausstrafe von 1—15 Jahren oder lebenslängliches Zuchthaus; an Stelle der dégradation civique Gefängnißstrafe bis zu 5 Jahren; die Aberkennung der bürgerlichen Ehrenrechte, welche bei Umwandlung der dégradation civique mit der Gefängnißstrafe verbunden werden kann, setzt eine dreimonatige Gefängnißstrafe voraus. — Für die Geldstrafe setzt das St.G.B. einen Höchstbetrag nicht fest; zweifelhaft erscheint es, ob unter den in §. 27 bestimmten Mindestbetrag von 1 resp. 3 M. herabgegangen werden kann; für die Bejahung ist anzuführen, daß die Geldstrafe die einzige aus dem früheren Recht in Geltung gebliebene Strafart ist, daher auch als in ihrer alten Anwendung fortbestehend betrachtet werden kann. Vgl. Berlin 11. Juni 1874, O.R. XV, 382; a. A. Rüdorff §. 27 Nr. 2.

10. Als Strafarten sind in Artt. 9—11 c. p. noch angeführt: l'interdiction à temps de certains droits civiques, civils ou de famille, — le renvoi sous la surveillance spéciale de la haute police — la confiscation spéciale. Diese Strafarten sind gleichfalls beseitigt; das St.G.B. kennt hier jedoch entsprechende Strafen in dem „Verlust der bürgerlichen Ehrenrechte" (§. 32), dem Recht, „auf Zulässigkeit von Polizei-Aufsicht" zu erkennen (§. 38) und der „Einziehung" (§. 40), daher auf Grund von Art. III dieses Ges. sich die Annahme rechtfertigt, daß letztere an Stelle der ersteren getreten sind. Selbstredend können jedoch auch diese Nebenstrafen nur so angewandt werden, wie das St.G.B. es gestattet; auch da, wo früher unbedingt renvoi sous la surveillance de la police angedroht war, ist es heute dem richterlichen Ermessen anheimgegeben auf Zulässigkeit von Polizei-Aufsicht zu erkennen; die Aberkennung der bürg. Ehrenrechte sowie der Fähigkeit zur Bekleidung öffentlicher Aemter setzt mindestens eine dreimonatige Gefängnißstrafe voraus, kann also mit einer Geldstrafe nicht mehr verbunden werden (s. Art. 185 c. p.), auch kann dieselbe nur mehr in der Dauer von 2—10 resp. 1—5 Jahren erkannt werden. (S. Artt. 123, 175 c. p.)

11. Einen Fall, in welchem statt Geldstrafe Forstarbeit nachgelassen ist, enthält Art. 210 c. for. (in der Fassung des Ges. v. 18. Juni 1859). Es handelt sich aber dabei nicht um eine vom Richter zu erkennende Strafe, sondern um eine von der Verwaltung zu gestattende Umwandlung des Strafvollzuges.

12. Auf Strafen, welche vor dem 1. Oktober 1871 rechtskräftig erkannt waren, bezieht sich Art. V nicht; dieselben sind urtheilsgemäß zu vollstrecken, soweit dies möglich ist. Bestritten ist, ob die vor Einführung des St.G.B. erkannten Geld-

Art. VI. Die Verjährung der Civilklagen aus strafbaren Handlungen tritt in den nämlichen Zeiträumen ein, welche für die Verjährung

strafen der Umwandlung nach §. 28 St.G.B. unterliegen, oder wie früher durch Körperhaft beizutreiben sind. Wir erachten die Umwandlung für unzulässig, weil §. 28 eine förmliche Freiheitsstrafe substituirt, während die Körperhaft (contrainte par corps) nur ein Exekutionsmittel zur Beitreibung der Geldstrafe bildete. Vgl. Zabern 28. Juli 1875, Juristische Zeitschrift, Jahrgang I, S. 39; a. A. Mühlhausen 23. Febr. 1875, ibidem S. 264.

Gegen den zur déportation Verurtheilten, welcher nach E.-L. zurückkehrt, ist nach Art. 17 Abs. 2 c. p. in Verbindung mit Absatz 2 dieses Artikels lebenslängliche Zuchthausstrafe zu verhängen. (Vgl. Oppenhoff zu diesem Art. V Nr. 23.)

Art. VI.

1. Der Art. VI, welcher dem Art. XII §. 1 des E.G. zum Preuß. St.G.B. v. 14. April 1851 nachgebildet ist, nur daß dort statt „Strafverfolgung" sich der Ausdruck „öffentliche Klagen" findet, war nothwendig, um die durch §§. 67—69 St.G.B. hinsichtlich der Verjährung der Strafverfolgung abgeänderten Artt. 637, 638, 640 c. d'instr. cr. in Bezug auf Verjährung der action civile mit dem bisherigen Rechte in Einklang zu bringen; dies erreicht der Artikel vollständig, indem er den bisherigen Fristen neue substituirt; er läßt demnach im Uebrigen die genannten Artikel, soweit sie neben §§. 67—69 St.G.B. überhaupt bestehen können, in Kraft. Als solche in Kraft gebliebene Bestimmung derselben ist aber, da die Unterbrechung der Strafverfolgungsverjährung sich jetzt (auch bei Uebertretungen nicht mehr nach Art. 640 sondern) lediglich nach dem St.G.B. richtet, nur die zu entdecken, daß jede Unterbrechung der Verjährung der öffentlichen Klage auch die der Civilklage unterbricht (nicht etwa auch umgekehrt, s. unten Nr. 4). Andere Grundsätze über die Verjährung der Civilklage beruhen nur auf Interpretation und können jetzt ebensogut an den Art. VI wie an die mehrgenannten Artt. der St.P.O. geknüpft werden. — Selbstverständlich ist übrigens, daß die in Kraft gebliebenen besonderen Verjährungsfristen bei gewissen Spezialdelikten (vgl. oben Nr. 8a zu Art. II) auch für die Civilklagen maßgebend sind.

2. Die „Civilklage" ist die Uebersetzung von action civile und demnach die aus strafbaren Handlungen für den Verletzten entspringende vermögensrechtliche Klage, d. h. (Artt. 1, 2 c. d'instr. cr.) die Klage auf dommages — intérêts und restitutions (vgl. Sirey-Gilbert, c. d'instr. cr. Nr. 122, 123 zu Artt. 637, 638). Wenn Aubry & Rau (cours de droit civil §. 445 Nr. 24) die Klage des Bestohlenen auf Herausgabe der gestohlenen Sache gegen den Dieb davon ausnehmen wollen, so können sie diese Ansicht wenigstens nicht auf den Satz: nemo auditur turpitudinem suam allegans stützen, da dieser Satz jedem, der sich auf die kürzere Verjährung des Art. VI beruft, entgegengehalten werden könnte. (Vgl. Faustin-Hélie, Traité de l'instr. cr. II ed. II p. 747.)

3. Dagegen zwingen die Artt. des c. d'instr. cr. und der Art. VI, und zwar letzterer wegen der sehr abgekürzten Fristen bei Uebertretungen noch dringender als jene, zu einer sorgfältigen Unterscheidung der Klage aus strafbaren Handlungen einerseits von der Kontraktsklage (Artt. 1146 ff. c. c.) und andrerseits von der einfachen Entschädigungsklage aus Artt. 1382 ff. c. c. In letzterer Beziehung wird im zweifelhaften Falle zu prüfen sein, ob die beschädigende Handlung gerade nur durch die Umstände, welche sie strafbar machen, auch beschädigend geworden ist, und nur, wenn diese Frage bejaht werden kann, tritt die

der Strafverfolgung von solchen Handlungen in dem Strafgesetzbuche für das Deutsche Reich bestimmt sind.

Art. VII. Kaufleute, welche ihre Zahlungen eingestellt haben, können mit Gefängniß bis zu zwei Jahren bestraft werden:

1) wenn sie nach Dotalrecht oder mit vertragsmäßiger Gütertrennung verheirathet, die Vorschriften des Artikels 69 des Code de commerce nicht befolgt haben.

---

kürzere Verjährung ein; demzufolge wird derjenige, welcher mit fremdem Holze unvorsichtiger Weise ein Feuer anzündet, der Entschädigungsklage gegenüber die Berufung auf die dreimonatige Verjährung nicht darauf stützen können, daß er das Feuer in gefährlicher Nähe von Gebäuden angezündet, also die Uebertretung des §. 368 Nr. 6 begangen habe. In ersterer Beziehung ist zu bemerken, daß die Kontraktsklage ihren Charakter auch dadurch nicht verliert, daß die Verletzung des Kontrakts (oder kontraktähnlichen Verhältnisses) durch eine strafbare Handlung erfolgt ist, z. B. durch Unterschlagung anvertrauter Gelder Seitens des Depositars oder Mandatars (Sirey-Gilbert Nr. 120 zu Artt. 637, 638 c. d'instr. cr.; Aubry & Rau §. 445 Nr. 22) oder Seitens des Kassenbeamten (F. Hélie II S. 748). Die französische Praxis schließt die kurze Verjährung auch dann aus, wenn die Reparation des Schadens durch eine condictio erfolgen kann, also in Fällen, wo das Delikt nicht unmittelbar den Schaden, sondern eine Handlung des Beschädigten herbeigeführt hat, z. B. Zahlung einer Nichtschuld infolge Erpressung oder Betrugs. (F. Hélie II S. 747.)

4. Die Verjährung bezieht sich immer auf das Klagerecht (action), nicht auf die prozessuale Handlung des Klagens (demande), und schon dadurch sollte jeder Zweifel darüber schwinden, daß die Civilklage der Verjährung des Art. VI unterliegt, gleichviel ob sie vor dem Strafrichter oder im Civilprozesse geltend gemacht ist. Es folgt hieraus, daß die Verjährung der öffentlichen und die der Civilklage (wie diese Klagen selbst) ihre eigenen Wege gehen, soweit nicht der unter Nr. 1 erwähnte Satz: jede Unterbrechung der Verjährung der öffentlichen Klage gilt auch für die der Civilklage, modifizirend eingreift, daß also, wenn die öffentliche Klage verjährt ist, die Civilklage recht gut fortdauern kann, und als weitere Folgerung, daß der Civilrichter in die Lage kommen kann, eine Handlung nach den Strafgesetzen qualifiziren zu müssen. — Diese in der franz. Praxis festgehaltenen Sätze (Sirey-Gilbert Nr. 126 zu Artt. 637, 638; F. Hélie II S. 746) sind gleichwohl neuerdings in der Revue critique (1875 S. 81) heftig angegriffen worden. (Zwei Sätze: L'action publique étant éteinte par prescription, l'action civile est éteinte avec elle et ne peut jamais lui snrvivre, und: l'act. p. étant éteinte par toute autre mode d'extinction, l'action civile demeure soumise, non plus aux règles du droit criminel, mais aux règles du droit civil.)

5. Daß die Fristen des Art. VI auch für die Klage gegen die Erben des Schuldners gelten, folgt aus dem zu 4 Gesagten (Sirey-Gilbert Nr. 125 zu Artt. 637, 638), die Praxis läßt sie aber auch für die Klage gegen die verantwortlichen Personen gelten (Sirey-Gilbert Nr. 130 ibid.).

Art. VII.

1. Die Strafandrohungen dieses Artikels beziehen sich auf Vorschriften des 3. Buches des c. d. comm. „Des faillites et banqueroutes", und ersetzen die in den aufgehobenen Artikeln 69 und 585 — 600 c. d. comm. enthaltenen Strafbestimmungen. In den Bundesstaaten waren durch §. 2 Abs. 3 R.E.G. die rücksichtlich des Konkurses

2) wenn sie nicht innerhalb der drei Tage nach Einstellung der Zahlungen die durch Artikel 438 und 439 des Code de commerce vorgeschriebene Erklärung abgegeben haben, oder wenn ihre Erklärung nicht die Namen aller solidarisch haftenden Gesellschafter enthält;

3) wenn sie sich ohne rechtmäßige Verhinderung in den festgesetzten Fällen und Fristen nicht bei den Syndiken persönlich eingefunden, oder, nachdem sie ein freies Geleit erhalten, nicht vor Gericht gestellt haben.

Die in den Artikeln 69 und 585 bis 600 des Code de commerce enthaltenen Strafbestimmungen sind aufgehoben.

---

in Landesgesetzen enthaltenen Strafvorschriften, insoweit dieselben sich auf Handlungen beziehen, über welche das St.G.B. nichts bestimmt, in Kraft erhalten.

2. Nr. 1 des Art. ist aufgehoben und ersetzt durch §. 7 E.G. zum H.G.B. vom 19. Juni 1872. (G.Bl. S. 213.)

3. Nach Artt. 437 u. 438 c. d. comm. ist jeder Kaufmann, welcher seine Zahlungen eingestellt hat, verpflichtet, binnen drei Tagen darüber eine Erklärung auf der Gerichtsschreiberei des Handelsgerichts seines Wohnsitzes abzugeben und gleichzeitig seine Bilanz zu hinterlegen, oder doch die Gründe anzugeben, aus welchen diese Hinterlegung unterbleibt.

Ueber die Verpflichtung des Falliten, sich bei den Syndiken einzufinden oder vor Gericht zu stellen, vgl. Artt. 475, 488, 505 c. d. comm.

4. Die Worte in Nr. 3 „nachdem sie ein freies Geleit erhalten" beziehen sich auf die in den Artt. 472 u. 473 c. d. comm. dem Handelsgerichte beigelegte Befugniß, dem Falliten, dessen Verhaftung auf Grund des Art. 455 c. d. comm. verordnet worden ist, ein „sauf-conduit" zu gestatten. Es ist zu beachten, daß die Bestimmung dieses Art. 455 durch Art. 1 Ges. vom 22. Juli 1867 „relative à la contrainte par corps" nicht aufgehoben wurde. (Vgl. auch die Diskussionen im Corps legislatif, D.P. 67, 4, 85 Anm. 1 a. E.)

5. Die Feststellung der Eigenschaft des Kaufmannes sowie der Zahlungseinstellung gehört zur Kognition des Strafrichters, welcher darüber weder die Entscheidung des Handelsgerichts einzuholen hat noch an eine solche gebunden ist. (Paris, Kass. 6. März 1857, 24. Juni 1864, D.P. 57, 1, 180; 64, 1, 450.)

Die Unterlassung der in Nr. 2 u. 3 angeführten Verpflichtungen bleibt auch dann strafbar, wenn derselben nur Fahrlässigkeit zu Grunde liegt. Vgl. Berlin 15. Dezbr. 1874, O.R. XV, S. 870.

6. Der aufgehobene Art. 586 c. d. comm. bestrafte u. A. auch den Kaufmann „si après cessation de ses payements il a payé un créancier au préjudice de la masse". Auf die Absicht kam es dabei nicht an; Strafbarkeit trat z. B. auch schon dann ein, wenn die Zahlung lediglich die Hinausschiebung der Fallimentserklärung bezweckte. (D.P. 42, 1, 44, Paris, Kass. 30. Juli 1841.) Da eine gleiche Bestimmung weder in das E.G. noch in das St.G.B. aufgenommen ist, kann ein Kaufmann, welcher nach erfolgter Zahlungseinstellung einen Gläubiger noch befriedigt, jetzt nur bestraft werden, wenn dadurch der Thatbestand von §. 281 Nr. 1 St.G.B. erfüllt wird. Vgl. Oppenhoff zu Art. XII Pr. Einf.-Ges. Nr. 12.

Art. VIII. Ein Gläubiger, welcher nach erlangter Kenntniß von der Zahlungseinstellung zu seiner Begünstigung und zum Nachtheil der übrigen Gläubiger einen besonderen Vertrag mit dem Gemeinschuldner oder dessen Erben eingeht, oder welcher sich von demselben oder anderen Personen besondere Vortheile dafür gewähren oder versprechen läßt, daß er bei der Berathung und Beschlußnahme der Gläubiger in einem gewissen Sinne stimme, wird mit Gefängniß bis zu einem Jahre bestraft. Auch kann gegen denselben zugleich auf Verlust der bürgerlichen Ehrenrechte erkannt werden.

Art. IX. Civilstandsbeamte werden mit Geldstrafe bis zu Einhundert Thalern oder mit Gefängniß bis zu sechs Monaten bestraft:

1) wenn sie ihre Urkunden anders als in die dazu bestimmten Register schreiben.
2) wenn sie die Heirathsurkunde einer schon verehelicht gewesenen Frau vor dem Ablaufe der in dem Artikel 228 des Code civil festgesetzten Frist aufnehmen;
3) wenn sie in Fällen, in denen zur Gültigkeit der Ehe die Einwilligung der Eltern oder anderer Personen erforderlich ist, die Heirathsurkunde aufnehmen, ohne sich vorher von dem Dasein dieser Einwilligung überzeugt zu haben.

Die Anwendbarkeit der Bestimmungen in Nr. 2 und 3 ist nicht dadurch bedingt, daß die Gültigkeit der Ehe angefochten wird.

Art. VIII.

1. Die Bestimmung dieses Artikels ist dem Art. 597 c. d. comm. entlehnt; sie ist wie dieser Artikel nur auf Kaufleute anwendbar.

2. Auch zum Thatbestande von Art. VIII genügt die Thatsache der Zahlungseinstellung; einer förmlichen Fallimentserklärung bedarf es nicht. (Vgl. D.P. 48, 1, 182; 54, 1, 503. Paris, Kass. 8. Aug. 1848, 4. Juli 1854.)

3. Nach der allgemeinen Fassung fällt jeder besondre Vertrag, z. B. auch die Sicherheitsbestellung durch Verpfändung einer Sache, unter den Thatbestand des Artikels. Ob auch die bloße Empfangnahme der Zahlung? Im bejahenden Sinne vgl. O.R. XIII, 351.

4. Auf Verlust der bürgerlichen Ehrenrechte kann nur erkannt werden, wenn eine Gefängnißstrafe von mindestens drei Monaten ausgesprochen ist.

Art. IX.

Nr. 2 und 3 von Art. IX sind durch §. 69 des Ges. über die Beurkundung des Personenstandes und die Eheschließung v. 6. Febr. 1875 (R.G.Bl. S. 23) aufgehoben. Aber auch Nr. 1 ist für beseitigt zu erachten. Dieselbe enthielt nämlich an Stelle des Art. 192 c. p. die Strafsanktion zu Art. 52 c. c.; heute sind die Bestimmungen des c. c. betreffend die Rechte und Pflichten der Standesbeamten durch das angeführte Gesetz, welches den Gegenstand neu regelt, aufgehoben, und da die in Nr. 1 vorgesehene Handlung mit einer besondern Strafe nicht bedroht ist, muß angenommen werden, daß sie nur der disziplinären Ahndung von §. 11 Ges. v. 6. Febr. 1875 unterliegt. Vgl. auch Fitting: Das Reichsgesetz über die Beurkundung des Personenstandes u. s. w. S. 217.

Art. X. Wer einer Entbindung beigewohnt oder ein neugebornes Kind gefunden hat, und die ihm durch die Civilgesetze auferlegte Anmeldung nicht innerhalb der in denselben vorgeschriebenen Frist bewirkt, wird mit Geldstrafe bis zu Einhundert Thalern oder Gefängniß bis zu sechs Monaten bestraft.

Art. XI. Die in §. 1 des Strafgesetzbuchs aufgestellte Eintheilung der strafbaren Handlungen in Verbrechen, Vergehen, Uebertretungen greift auch Platz für diejenigen strafbaren Handlungen, auf welche andere

---

Art. X.

Art. X ist aufgehoben und ersetzt durch §§. 17—20, 22—24 und 69 Ges. vom 6. Febr. 1875 über die Beurkundung des Personenstandes und die Eheschließung. (R.G.Bl. S. 23.)

Art. XI.

1. Nach dem Wortlaute des Art. greift die in §. 1 St.G.B. aufgestellte Eintheilung nur für die in Strafgesetzen vorgesehenen Handlungen Platz. Wo daher Rechtsnachtheile, welche an bestimmte Handlungen oder Unterlassungen geknüpft sind, nach Sinn und Vorschrift der Landesgesetze nicht den Charakter von Strafen im Sinne des gemeinen Strafrechts hatten, verbleibt es hierbei: dieselben werden von dieser Eintheilung nicht berührt. Es gilt dieses insbesondere von den Maßregeln des Disziplinar-Strafrechts, von der „amende en matière civile“ (vgl. Artt. 56, 213, 247, 263, 264, 274, 390, 441, 479, 513, 516, 1030, 1039 c. d. pr. u. A.), sowie von den Strafen wegen Zuwiderhandlungen gegen die Gesetze über Enregistrement, Stempel- und Erbschaftssteuer. (Ges. v. 5. Juli 1872 Art. 1, G.Bl. S. 465.) Vgl. Leipzig 28. Juni 1875, Puchelt, Zeitschrift für französisches Recht V S. 598.

2. Anderseits tritt die Eintheilung von §. 1 St.G.B. an die Stelle aller im Landesstrafrecht früher begründeten Unterscheidungen. Im französischen Strafrechte werden einzelne Kategorien strafbarer Thatbestände zu den contraventions gerechnet und als solche in den Gesetzen bezeichnet, obwohl sie mit der Strafe von „délits“ bedroht sind, weil bei denselben, wie bei den contraventions de simple police, das bloße Vorhandensein der objektiven Thatbestands-Merkmale (des faits matériels) zur Strafbarkeit genügt; weder wird eine bestimmte rechtswidrige Absicht erfordert, noch selbst durch Irrthum die Strafbarkeit ausgeschlossen. (S. Art. 129 Ges. v. 28. April — 4. Mai 1816, Art. 17 Ges. v. 3.—4. Mai 1844, Art. 11 Ges. v. 15. Juli 1845, Artt. 4, 9 u. 17 Ges. v. 30. Mai — 8. Juni 1851, Art. 21 Ges. v. 21 — 26. Juli 1856.) Alle diese Thatbestände sind jetzt „Vergehen“ und unterliegen, soweit sie keine ausdrücklichen Ausnahme-Vorschriften enthalten, den allgemeinen Grundsätzen des St.G.B. und demgemäß auch der Regel von §. 59 St.G.B. Leipzig 28. Sept. 1872; Puchelt, Zeitschrift für französisches Recht, Bd. III S. 282. S. auch oben Nr. 7 zu Art. II.

3. Ist für die Strafe ein bestimmter Höchstbetrag nicht festgesetzt, sondern ist dieselbe nach dem Schaden oder ähnlich zu bemessen (vgl. Artt. 14, 18, 25, 26, 28, 36, 37, 43, Titel 2 Dekret v. 28. Sept. — 6. Okt. 1791, und Artt. 29, 24, 38, 54—57, 70, 144, 192 u. A. code forestier), so hängt die Qualifikation der Handlung von der im einzelnen Falle verwirkten Strafe ab. Die Zuständigkeit richtet sich zunächst nach der in der Vorladung zu bewirkenden Abschätzung; erweist sich letztere nach Verhandlung der Sache als irrig, so entscheiden die allgemeinen Grundsätze, ob das befaßte Gericht in der Sache entscheiden kann oder sich für unzuständig erklären muß (vgl. Art. 161 c. d'instr. cr.). In diesem Sinne die neuere französische Rechtsprechung (s. Sirey-

Strafgesetze als das gegenwärtige Strafgesetzbuch anzuwenden sind. Ist die Strafe in diesen Gesetzen als eine willkürliche bezeichnet, so ist die Handlung eine Uebertretung.

Art. XII. Die Untersuchung und Entscheidung erfolgt:
in Ansehung der Uebertretungen
durch die Polizeigerichte,
in Ansehung der Vergehen
durch die Zuchtpolizeikammern der Landgerichte,
in Ansehung der Verbrechen
durch die Schwurgerichtshöfe.

Gilbert zu Art. 137 c. d'instr. cr.), während eine ältere Anschauung die hier in Betracht kommenden Handlungen stets als „délits“ behandelte.

4. Einen Fall willkürlicher Strafe enthielt das Gesetz vom 19.—29. vent. IX, relative à l'exercice de la médicine. Dasselbe bestimmt als Strafe der unberechtigten Ausübung des Hebammen-Gewerbes in Art. 35 schlechthin eine „amende pécuniaire“ und setzt nur für den Fall, daß Frauen die Uebelthäter sind, in Art. 36 ein Maximum von 100 Franken fest, während für die unberechtigte Ausübung des Gewerbes durch Männer ein Höchstbetrag der Strafe nicht gegeben ist. Die feststehende Praxis des französischen Kassationshofes hat hier angenommen, daß nur auf die in den Artt. 463 u. 466 c. pén. für contraventions de simple police festgesetzte Geldstrafe, also nur bis zur Höhe von 15 Franken, erkannt werden dürfe (D.P. 65, 1, 47), weil nach einem allgemeinen Strafrechtsprinzipe überall da, wo der Gesetzgeber den Höchstbetrag einer Strafe nicht bezeichnet habe, „il y a lieu d'appliquer les peines de la classe la plus faible“. Es hat also die französische Rechtsprechung bereits als maßgebenden Grundsatz anerkannt, was der Schlußsatz von Art. XI ausdrücklich vorschreibt. — Die Ausübung der Geburtshülfe durch Männer ist seit Einführung von §. 29 der G.O. (Ges. v. 15. Juli 1872, G.B. S. 534) wie jede andere Medizinal-Pfuscherei straflos (vgl. Leipzig 24. April 1874, Puchelt, Zeitschrift für franz. Recht V S. 40), daher die Frage, ob nunmehr im Falle des cit. Art. 35 die Uebertretungsstrafe des St.G.B. einzutreten habe, bedeutungslos ist.

Ein anderer Fall einer willkürlichen Strafe ist uns nicht bekannt; die willkürlichen Strafen der règlements sur la voirie (vgl. Artt. 5 u. 7 Dekret v. Dez. 1607, Ordonnanz v. 4. Aug. 1731, Arrêt du conseil v. 7. Sept. 1755) hat das Ges. v. 23. März 1842 schon beseitigt.

Art. XII.

1. Absatz 1 des Artikels ist so allgemein gefaßt, daß in demselben eine durchgreifende Kompetenz-Regel gefunden werden muß, welche nicht nur die Zuständigkeit unter den Strafgerichten regelt — also den Art. 171 c. for., der auch die contraventions en matière forestière vor die tribunaux correctionnels verweist, aufhebt — sondern auch jede daneben bisher bestandene Strafgerichtsbarkeit anderer Gerichte, sowie den für die Delikte gewisser Berufsklassen bestandenen privilegirten Gerichtsstand beseitigt. Vgl. Leipzig 28. Juni 1875, Puchelt, Zeitschrift für franz. Recht VI S. 598. Diese Auffassung steht allerdings mit der Regel „lex generalis non derogat legi speciali priori“ im Widerspruch; aber es ist diese Regel eben keine solche, welche stets und überall befolgt werden kann. (Vgl. Puchta, Pandekten §. 17 Anm. c.)

Das Hauptverfahren wegen einfachen Diebstahls, einfacher Hehlerei (§. 261 des Strafgesetzbuchs, Absatz 2) und Betrugs im wiederholten Rückfalle ist, sofern mildernde Umstände vorhanden sind, durch den Anklagesenat an die Zuchtpolizeigerichte zu verweisen, welche sich aus dem Grunde, daß keine mildernden Umstände vorhanden seien, nicht inkompetent erklären dürfen.

Außer dem schon erwähnten Art. 171 c. for. sind demnach aufgehoben:

a) Die strafrichterliche Zuständigkeit der Präfektur- (Bezirks-) Räthe; Art. 1 Ges. v. 29. flor. X, rel. aux. contr. en mat. d. gr. v., Art. 112 Dekret v. 18. Juni 1811, Art. 17 Ges. v. 30. Mai 1851.

b) Die strafrichterliche Zuständigkeit der Civilgerichte; Artt. 181, 305, 307 c. d'instr. cr. — Dagegen sind die rein sitzungspolizeilichen Vorschriften der Artt. 10, 11, 89, 91, 276 c. d. pr., 34 u. 504 c. d'instr. cr. in Kraft geblieben. (Vgl. F. u. L. II, S. 387.)

c) Die strafrichterliche Zuständigkeit der Bürgermeister; Artt. 166, 171 c. d'instr. cr.

d) Der privilegirte Gerichtsstand für Richter, Beamte der gerichtlichen Polizei, Bischöfe und Präsidenten der Konsistorien; 471—503 c. d'instr. cr, Art. 10 Ges. v. 20. April 1810.

2. Dagegen sind außer den in Artt. XIV u. XV ausdrücklich aufrecht erhaltenen Gerichtsständen (Kriegsgericht und für Schulversäumnisse Bürgermeister und Kreisdirektoren) auch die Rheinschifffahrts-Gerichte als fortbestehend zu bezeichnen, da dieselben auf internationalen Verträgen beruhen. (Vgl. auch §. 3 des Entwurfs eines Gerichtsverfassungs-Gesetzes für das deutsche Reich.) Eine weitere Ausnahme enthält das unten folgende Gesetz v. 14. Juli 1873.

3. Handlungen, welche nach dem zu Art. XI Nr. 1 Gesagten nicht von der Eintheilung des §. 1 St.G.B. betroffen werden, werden auch von der Kompetenz-Regelung des Art. XII nicht berührt. Es ist daher weder an dem Verfahren bei Zuwiderhandlungen gegen die Gesetze betr. Enregistrement, Stempel und Erbschaftssteuer, noch an der Zuständigkeit in Disziplinar-Sachen etwas geändert; einen Fall disziplinärer Zuständigkeit der Prudhommes s. Art. 4 Dekret v. 3. Aug. 1810.

4. Wo die Zuständigkeit eines Gerichts begründet ist, müssen auch die für das Verfahren vor demselben geltenden Vorschriften Platz greifen, es handle sich denn um Bestimmungen, welche mit der Zuständigkeit nicht zusammenhängen, z. B. das Transaktions-Verfahren, Art. 159 c. for., vgl. Oppenhoff, Einf.-Ges. für E.-L. Nr. 50. Es gilt daher beispielsweise auch für die Vergehen, deren Aburtheilung durch das Ges. v. 14. Juli 1873 den Polizei-Gerichten zugewiesen ist, die Regel des Art. 172 c. d'instr. cr., daß der Staatsbehörde das Rechtsmittel der Berufung gegen polizeigerichtliche Urtheile gar nicht, den Verurtheilten nur unter bestimmten Voraussetzungen zusteht.

Ein besonderes Verfahren regeln für Zuwiderhandlungen gegen Zoll-Gesetze das Ges. vom 5. Juli 1872 (G.Bl. S. 465) und für Post- und Porto-Defraudationen §§. 34—36 Ges. v. 28. Okt. 1871 (G.Bl. S. 356).

5. In Geltung geblieben sind ohne Zweifel die franz.-rechtlichen Bestimmungen, welche die Befugniß des Strafrichters, über die incidenter vor ihm vorgebrachte Berechtigungs-Einrede zu erkennen, betreffen. Die Regel enthält Art. 182 c. for., dessen Vorschriften auf das Verfahren vor Zuchtpolizeikammern und Polizei-Gerichten

In Ansehung aller Verbrechen und Vergehen solcher Personen, welche zur Zeit der That das achtzehnte Lebensjahr noch nicht vollendet haben, erfolgt die Entscheidung durch die Zuchtpolizeikammern, sofern nicht wegen Konnexität die Verweisung vor den Schwurgerichtshof auszusprechen ist.

Ob ein Verweis mündlich oder schriftlich zu ertheilen, bleibt dem richterlichen Ermessen überlassen.

Gesetz betr. eine Abänderung des Einführungsgesetzes zum Deutschen Strafgesetzbuch für Elsaß-Lothringen. Vom 14. Juli 1873. (G.Bl. S. 166.)

Einziger Paragraph.

Die Untersuchung und Entscheidung über die in den Artikeln 192, 194 und 195 des Code forestier nach der Fassung des Gesetzes vom 18. Juni 1859 und in den Artikeln 196, 197 und 199 des Code forestier bezeichneten strafbaren Handlungen erfolgt durch die Polizeigerichte auch in denjenigen Fällen, in welchen die in den bezeichneten Artikeln, beziehungsweise in Verbindung mit Artikel 201 des Code forestier angedrohten Strafen in Geldstrafen von höherem Betrage als von fünfzig Thalern oder in Freiheitsstrafe von längerer Dauer als sechs Wochen bestehen.

---

allgemein anwendbar sind. Darnach kann der Strafrichter nur dann **nicht** erkennen, wenn Eigenthum an Grundstücken oder ein dingliches Recht geltend gemacht und durch einen klaren Titel oder einen in präziser Form artikulirten Besitzstand zu beweisen versucht wird; ist unter diesen Voraussetzungen die Einrede geeignet, den strafbaren Thatbestand auszuschließen, muß Verweisung vor den Civilrichter erfolgen, und bis zu dessen Entscheidung das Erkenntniß in der Strafsache ausgesetzt werden. Vgl. Faustin-Hélie, Traité de l'instr. crim. VI S. 336, ebenda auch über das Verfahren, wenn die Interpretation einer Verwaltungsmaßregel in Frage ist, und Bd. II S. 354, wenn eine Standesfrage präjudiciell zu entscheiden ist.

6. Der Wortlaut von Absatz 2 läßt es zweifelhaft, ob trotz der durch den Anklage-Senat erfolgten Verweisung die Zuchtpolizei-Gerichte befugt sind, das Vorhandensein mildernder Umstände auszuschließen und folgeweise Zuchthausstrafe zu verhängen. Während die Schlußworte „nicht inkompetent erklären dürfen" nur auf eine Kompetenz-Vorschrift hinweisen, scheint die Wendung, „daß keine mildernden Umstände vorhanden seien," darauf zu deuten, daß es bei dem Beschluß des Anklage-Senats verbleiben müsse. Für letztere Auffassung spricht auch der Umstand, daß die Vorschrift dem für die preußischen Rheinlande erlassenen Gesetze v. 4. Mai 1853 nachgebildet ist, dessen Text allerdings unzweideutig den Zuchtpolizeikammern die Befugniß abspricht. In diesem Sinne die uns bekannte reichsländische Rechtsprechung und Puchelt, Zeitschrift für franz. Recht Bd. III S. 188, contra Oppenhoff, Einf.-G. für E.-L. Nr. 49.

7. Ueber die Konnexität vgl. Artt. 226, 227 c. d'instr. cr., deren Vorschriften übrigens nicht limitativ auszulegen sind. Die Grundsätze der Konnexität beruhen auf Gründen der Prozeßökonomie, deren Vorhandensein im einzelnen Falle zu prüfen ist. (Vgl. Sirey-Gilbert zu Art. 227 c. d'instr. cr.)

Gesetz vom 14. Juli 1873.

Vgl. Nr. 4 zu Art. XII.

Art. XIII. Die Vorschrift des Art. 341 des Code d'Instruction criminelle findet in den durch das Strafgesetzbuch mit Strafe bedrohten Fällen nur dann Anwendung, wenn dasselbe mildernde Umstände ausdrücklich zuläßt.

Art. XIV. Hinsichtlich der Bestrafung der Schulversäumnisse bleibt es bei dem bestehenden Verfahren.

Art. XIII.

1. Nach Art. 341 c. d'instr. cr. ist der Präsident des Schwurgerichtshofes verpflichtet, am Schlusse seines Résumé die Geschworenen darauf aufmerksam zu machen, daß sie mildernde Umstände annehmen können.

2. Diese Vorschrift von Art. 341 ist zu Art. 463 c. p. in Beziehung zu setzen. Ueber die fortdauernde Geltung und heutige Anwendbarkeit von Art. 463 c. p. s. oben zu Art. II Nr. 9. Darnach können mildernde Umstände jetzt nur in Betracht kommen:

a) wenn ein crime des französischen Strafrechts abzuurtheilen ist;
b) wenn ein délit oder eine contravention des c. p. in Frage ist, oder ein délit oder eine contravention eines französischen Spezialgesetzes, welches ausdrücklich die Anwendbarkeit des Art. 463 c. p. ausspricht;
c) wenn ein strafbarer Thatbestand eines deutschen Strafgesetzes vorliegt, bezüglich dessen ausdrücklich mildernde Umstände zugelassen sind.

3. Das Recht der Geschworenen, das Vorhandensein mildernder Umstände festzustellen, ist nach dem Wortlaute von Art. 341 c. d'instr. cr. auf die „matière criminelle" (vgl. oben Nr. 3 zu Art. III) beschränkt; in allen andren Fällen griff die Regel Platz, daß die Strafausmessung nur dem Richter zusteht, also insbesondere auch dann, wenn ein délit oder eine contravention auf Grund der Bestimmungen über Konnexität zur Aburtheilung vor die Geschworenen verwiesen war. (Faustin-Hélie, Traité de l'inst. crim. XIII, S. 255.) Obwohl Art. XIII allgemein von „in den durch das St.G.B. mit Strafe bedrohten Fällen" spricht, ist daraus allein doch nicht zu schließen, daß man dem Art. 341 eine erweiterte Anwendung geben wollte; der Sinn der Bestimmung ist vielmehr dahin aufzufassen, daß Art. 341 so und in dem Maße auf die Fälle des St.G.B. anzuwenden sei, wie er auf die Thatbestände des französischen Strafrechts Anwendung erlitt, daher auch, wenn ein Vergehen des St.G.B., bei welchem mildernde Umstände zugelassen sind (vgl. §§. 113—117, 187, 189. 228, 263, 333, 340), durch die Geschworenen abgeurtheilt wird, nicht diese, sondern der Schwurgerichtshof über das Vorhandensein der mildernden Umstände zu entscheiden hat.

Art. XIV.

Die Bestrafung der Schulversäumnisse ist durch die Schul-Verordnung des General-Gouverneurs von Elsaß-Lothringen vom 18. April 1871 geregelt. (Straßburger Zeitung v. 20. April Nr. 93; Sammlung der Verordnungen und amtlichen Nachrichten für Elsaß-Lothringen, Straßburg 1872, S. 206.) Die Festsetzung der Strafen (amtliche Verwarnung, Geldstrafe bis zu acht Mark und bei fortgesetzter Pflichtversäumniß Gefängnißstrafe bis zu einer Woche) erfolgt auf Grund mündlicher Verhandlung und, wenn der Beschuldigte trotz Vorladung nicht erscheint, auf Grund der Akten durch den Gemeinde-Vorsteher, gegen dessen Entscheidung Berufung an den Kreisdirektor zulässig ist. Die Entscheidungen des Kreisdirektors können nur dann durch Berufung an die höhere Behörde angegriffen werden, wenn Gefängniß-

Art. XV. Alle wegen eines und desselben Verbrechens oder Vergehens verurtheilten Personen sind zu den Kosten, zur Rückgabe und zum Schadensersatze, auf welche erkannt wird, solidarisch zu verurtheilen.

Ist auf Einziehung oder Geldstrafe, zugleich aber auf Rückgabe oder Schadenersatz erkannt worden, so haben die letzteren den Vorzug, wenn das Vermögen des Verurtheilten nicht ausreicht, alle diese Leistungen zu bestreiten.

Art. XVI. Die während des Krieges erlassenen Vorschriften über die Kompetenz der Kriegsgerichte, sowie die materiellen Strafbestim-

---

strafe ausgesprochen ist. Ueber die als Strafe angedrohte Entziehung der Armenunterstützung s. Nr. 3 zu Art. V oben.

Art. XV.

1. Absatz 1 ist dem Art. 55 c. p. nachgebildet, von welchem er sich jedoch dadurch wesentlich unterscheidet, daß er nicht auch für die Geldstrafen eine solidarische Haftpflicht ausspricht; diese Regel des c. p., der zufolge jeder Verurtheilte für die gegen seine „complices" verhängten Geldstrafen mitverhaftet war, ist durch Einführung des St.G.B. beseitigt; vgl. oben Nr. 8b zu Art. II.

2. Die in Art. XV ausgesprochene solidarische Haftpflicht bezieht sich nur auf Verbrechen und Vergehen, nicht auch auf Uebertretungen; sie begreift alle Theilnehmer, gleichgültig ob dieselben Anstifter, Thäter oder nur Gehülfen sind, wobei es jedoch dem Gerichte vorbehalten bleibt, die Beitragspflicht der Theilnehmer unter einander nach Maßgabe der Schuld jedes Einzelnen besonders zu bestimmen. Auf die Begünstiger erstreckt sich die solidarische Haftpflicht nicht, weil dieselben sich eines besondern Delikts schuldig machen. (Faustin-Hélie, Théorie du c. pén. I, S. 232 ff.)

3. Nach Artt. 2 u. 3 Ges. v. 22. Juli 1867 „relative à la contrainte par corps" können Verurtheilungen zu Rückgabe und Schadensersatz, welche in einer Strafsache ergangen sind, durch contrainte par corps beigetrieben werden; diese Vorschrift ist noch in Kraft; dagegen findet die ebendaselbst geregelte Anwendung der contrainte par corps zur Beitreibung von Geldstrafen nicht mehr statt, da letztere jetzt nach Vorschrift des §. 28 St.G.B. umzuwandeln sind; vgl. oben Art. II Nr. 7. Ueber die Beitreibung von Geldstrafen, welche vor dem 1. Oktober 1871 rechtskräftig verhängt waren, vgl. oben Art. V Nr. 9.

4. Für die Kosten bestand früher (Art. 174 Dekret v. 18. Juni 1811) gleichfalls das Exekutionsmittel der contrainte par corps; durch Art. 3 Ges. v. 27. Juli 1867 ist dasselbe jedoch bezüglich der dem Staate erwachsenen Kosten beseitigt; dagegen hat der Fiskus nach wie vor ein Privileg für dieselben nach Maßgabe des Ges. v. 15. Sept. 1807. Ungenau in dieser Beziehung Oppenhoff zu Art. V d. Ges. Nr. 35.

Art. XVI.

1. Seit dem Gesetze vom 12. Juli 1873 (G.Bl. S. 163) existirt für Elsaß-Lothringen nur noch ein Kriegsgericht mit dem Sitze in Straßburg; dasselbe besteht aus fünf Richtern, wovon drei Offiziere und zwei richterliche Beamte sind.

2. Die Kompetenz des Kriegsgerichts wird ausschließlich durch die §§. 2 u. 3 des Ges. vom 12. Juli 1873 geregelt; die vorher maßgebenden Verordnungen des

mungen, welche sich auf die diesen Gerichten überwiesenen Verbrechen und Vergehen beziehen, bleiben, so lange sie nicht durch Kaiserliche Verordnungen aufgehoben sind, in Kraft.

General-Gouverneurs vom 12. Sept. und 17. Dez. 1870 sind in §. 9 des cit. Gesetzes aufgehoben. Es gehören darnach vor das Kriegsgericht die in den §§. 80—93, 94, 102, 105, 106, 115, 116 u. 125 St.G.B. mit Strafe bedrohten Handlungen sowie die Aufforderung oder Anreizung zu einer derselben.

3. Für das Verfahren vor dem Kriegsgerichte gelten die Vorschriften über das Verfahren vor den Zuchtpolizeigerichten, sofern nicht die General-Gouvernements-Verordnung vom 19. Dez. 1870 (Straßburger Zeitung vom 20. Dez. 1870, Nr. 84, Sammlung der Verordnungen und amtlichen Nachrichten für Elsaß-Lothringen, Straßburg 1872 S. 97) besondere Bestimmungen enthält. Als solche sind zu bezeichnen die erweiterte Befugniß, durch Gerichtsbeschluß die Oeffentlichkeit auszuschließen (Art. V Nr. 1 d. V.), sowie das auf Polizei- und Postbeamte ausgedehnte Recht zur Vorladung von Beschuldigten, Sachverständigen und Zeugen (Art. V Nr. 7 ibid.). Gegen die Urtheile des Kriegsgerichts ist nur Kassations-Rekurs zulässig (Art. V Nr. 10 d. V. v. 19. Dez. 1870 und §§. 4 u. 7 Ges. v. 12. Juli 1873).

FSC
www.fsc.org
MIX
Papier | Fördert
gute Waldnutzung
FSC® C083411

Kolibri 360 GmbH
Ferdinand-Jühlke-Straße 7
99095 Erfurt, Deutschland
produktsicherheit@kolibri360.de